CUADERNILLO 6

APRENDIENDO A TOCAR POR ALEGRÍAS

<u>INTRODUCCIÓN</u>:

En esta unidad didáctica se busca un primer contacto por parte de nuestro alumnado con las Alegrías de Cádiz, interpretadas en la tonalidad de Do Mayor.

Desarrollaremos además los cambios de acordes sobre los tres grados más importantes, Tónica, Dominante y Subdominante; las técnicas de rasgueos, p-i-p, p-a-m-i y picado.

Introduciremos algunos rasgos teóricos sobre las Alegrías que serán muy útiles para la memorización y el reconocimiento de las mismas.

Esta unidad didáctica va dirigida a alumnas y alumnos que hayan trabajado previamente las Notas en Primera Posición, las Sevillanas y los Fandangos de Huelva.

La distribución temporal de la misma será de nueve sesiones de 2 horas de duración, distribuidas en dos días a la semana, con un máximo de tres alumnos o alumnas. Este dato es general, ya que trataremos de atender a la diversidad del alumnado por lo que el número de sesiones puede variar. Lo importante es que asimilen bien los conceptos y mecanismos.

<u>SESIÓN 1: LO PRIMERO QUE DEBES APRENDER</u>

1. Acerca de las Alegrías.

Según nos muestra el musicólogo Faustino Núñez en su web Flamencópolis: "las Alegrías se formaron a partir de la Jota, el más extendido de los géneros populares españoles".

> Cantaores como Paco Hidalgo o El Quiqui, acompañado del maestro José Patiño, cantaron en los años sesenta del siglo XIX en los teatros 'canto alegre' y 'por alegre' respectivamente. Pronto pasarían a llamarse definitivamente alegrías, conviviendo en los primeros años con los caracoles y otras cantiñas. (Núñez, Flamencópolis, Alegrías)[1]

El domingo 16 de marzo de 1879 Paco de Lucena, a la edad de 20 años, desarrolló un concierto de guitarra en el café del Gran Capitán de Córdoba, interpretando un repertorio de guitarra flamenca solista que incluía "La Rosa". Este concierto tenía la finalidad de conseguir el dinero suficiente para que Paco de Lucena no tuviese que incorporarse al servicio militar, ya que en aquella época España se encontraba en constantes guerras con sus colonias. En aquel periodo, pagando una cuota el futuro soldado podía librarse de incorporarse a filas[2].

Rafael Marín en su Método de Guitarra (1902) explica que la Alegría es cante y baile que se denomina de varias formas: "Juguetillo", "La Rosa" o "El Agua"[3].

Puede que fuese uno de los primeros conciertos de guitarra flamenca solista y ya incluía las Alegrías, o "La Rosa" como se nombraban a finales del siglo XIX.

---

[1] https://flamencopolis.com/archives/8

[2] Rioja, Eusebio: Paco el de Lucena o la Redonda encrucijada, Ayuntamiento de Lucena, 1998. Págs, 126 y 127.

[3] Rioja, Eusebio: Paco el de Lucena o la Redonda encrucijada, Ayuntamiento de Lucena, 1998. Pág 128.

El cante por Alegrías se comienza con el Tirititrán a modo de Salida. Son palabras inventadas y secuencias rítmicas repetitivas atribuidas al cantaor gaditano Ignacio Espeleta (1871–1938). Según nos cuenta la tradición cantándole a las bailaoras La Macarrona y La Malena, se le olvidó la letra e improvisó esta glosolalia que se sigue cantando en la actualidad.

2. Partes de una Alegría.

Las Alegrías comienzan con una **Introducción** por parte de la guitarra, en la que se suele rasguear sobre los acordes de Tónica Dominante, Tónica y Subdominante a ritmo de alegrías. Esta introducción suele concluir con un **Remate**.

Después de esta introducción comienza el cante con la **Salida** que suele interpretar el Tirititrán.

La Guitarra Flamenca continúa con el **Ritmo por Alegrías**, que se repetirá las veces que sea necesario hasta que el cante comience con la **Letra**.

Se irán alternando **Letras** con **Ritmos** o **Falsetas**. Se interpretarán tantas Letras como el cantaor o cantaora decida. El guitarrista decidirá qué ritmos o falsetas interpretará. Éstos ocurrirán cuando el cantaor no esté cantando.

En el caso de que las Alegrías se toquen sin cantaor, es decir, que sea una obra de concierto, después de la **Introducción** se alternarán los **Ritmos** con las **Falsetas** y finalizamos con una Coda en forma de **Remate por Alegrías**.

Así quedaría la forma del toque por Alegrías:

Intro	Ritmo	Falseta 1	Ritmo	Falseta 2	Ritmo	Falseta 3
T-D-T-SD-R	T-D-T	T-D-T-SD-R	T-D-T	T-D-T-SD-R	T-D-T	T-D-T-SD-R
T=Tónica D=Dominante SD=Subdominante R=Remate						

3. Acordes

En las Alegrías en Do Mayor se usan los acordes de Tónica (Do M), Dominante (Sol[7]) y Subdominante (Fa Mayor).

Los acordes que vamos a tocar se forman por superposición de terceras desde la nota que da nombre al acorde, llamada **Fundamental**.

El acorde de Tónica es el que se forma desde el primer grado de la tonalidad (I), el de Subdominante se forma a partir del cuarto grado (IV) y el de Dominante es el que se forma desde el quinto grado de la tonalidad (V).

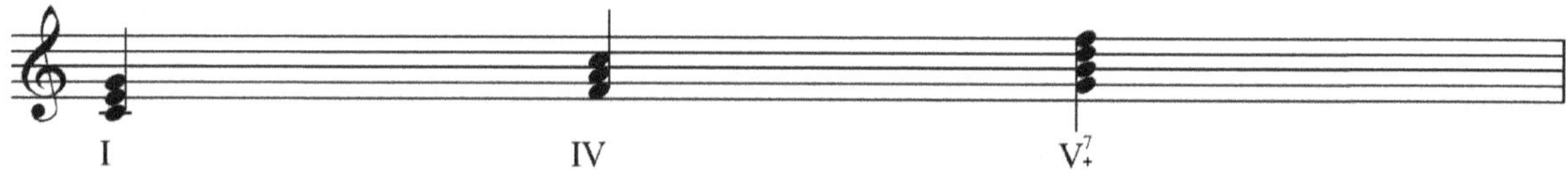

Estos acordes en la guitarra los vamos a interpretar con las siguientes disposiciones:

Para el acorde de Do Mayor pisaremos los dedos en 21-42-53[4].

Para el acorde de Fa Mayor colocaremos, con el dedo 1, la cejilla en el traste I y pisaremos los dedos en 32-43-53.

Para el acorde de Sol[7] pisaremos los dedos en 11-52-63.

Estos tres acordes los usaremos para acompañar al cante o para interpretar los ritmos que hacen de puente entre las distintas secciones.

---

[4] En cada uno de los números, la primera cifra corresponde a la cuerda y la segunda al traste donde pisamos con la mano izquierda en el mástil de la guitarra.

4. Cierres por Alegrías.

Un cierre de Alegrías ocurre al final de cada sección (falsetas o Ritmos) y al final de cada frase o semifrase musical.

Se puede tocar con cualquier técnica de la guitarra (rasgueos, arpegios, p-i) y su característica principal es que desarrolla, durante tres tiempos, las notas de un acorde. Estos 3 tiempos suelen estar localizados en los tiempos 4-5-6 (para las semifrases) y en los tiempos 10-11-12 para los finales de frases o de sección.

Ejemplos de Cierres por Alegrías en Do Mayor:

5. Ritmo de las Alegrías.

El ritmo de las Alegrías contiene 12 tiempos y una de las formas básicas de interpretarlo con la mano derecha es la siguiente:

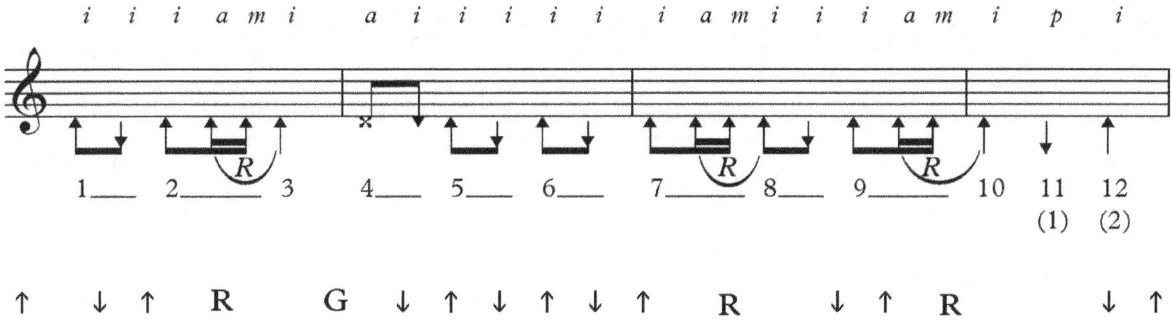

1. Rasgueos

Para la introducción se suelen realizar los rasgueos a semicorcheas, completando uno o dos tiempos, seguidos de dos corcheas para finalizar el motivo rítmico. Este motivo puede ser de 2 o 3 tiempos.

Vamos a comenzar practicando rasgueos a semicorcheas de tres tiempos:

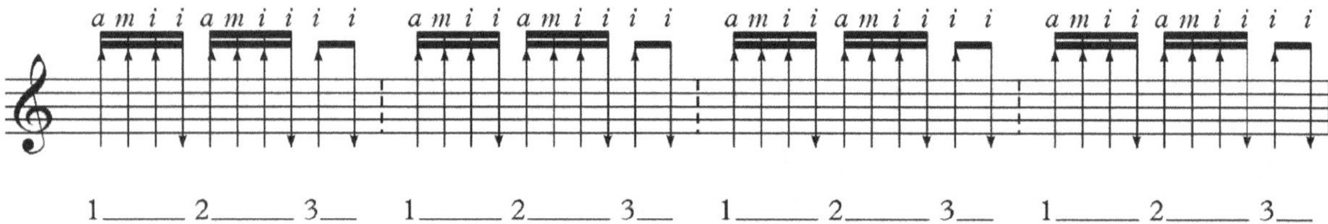

El siguiente ejercicio combina 2 rasgueos de 3 tiempos seguidos de 3 rasgues de 2 tiempos:

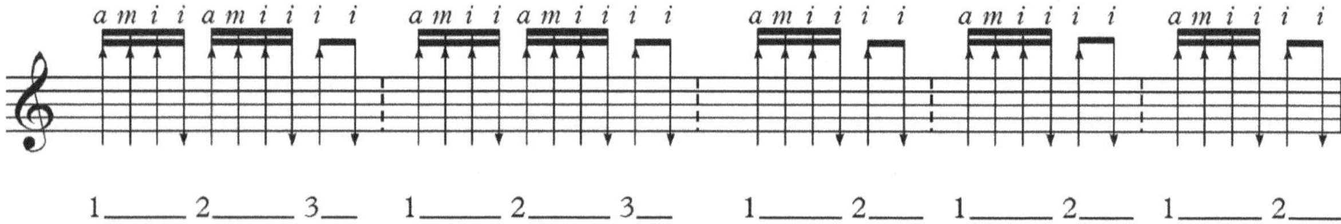

La fórmula rítmica que vamos a tocar para la introducción de las Alegrías es la siguiente:

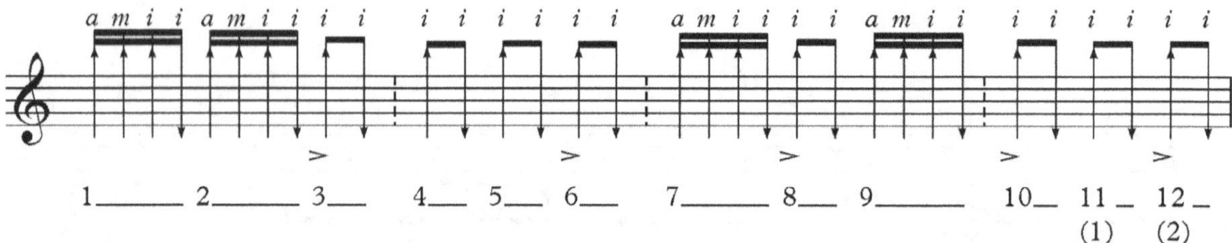

2. Remate

El remate por Alegrías consta de cuatro compases de $\frac{3}{4}$ y en cada compás se desarrolla un acorde diferente de la siguiente forma:

Fa Mayor (IV) - Do Mayor (I) - Sol^7 (V) - Do Mayor (I)

En los Remates se pueden usar diferentes técnicas como rasgueos, arpegios, p-i, p-i-p o picados.

Veamos un ejemplo de Remate con p-i, p-i-p y p:

Veamos otro ejemplo de Remate con rasgueos y p:

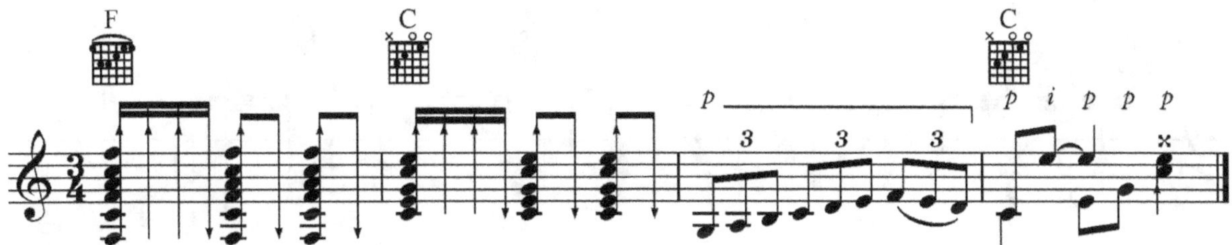

Al estar rasgueando durante toda la introducción vamos a tocar el siguiente remate que es con p y p-i, cambiando así la textura en el remate:

3. Partitura de la INTRODUCCIÓN

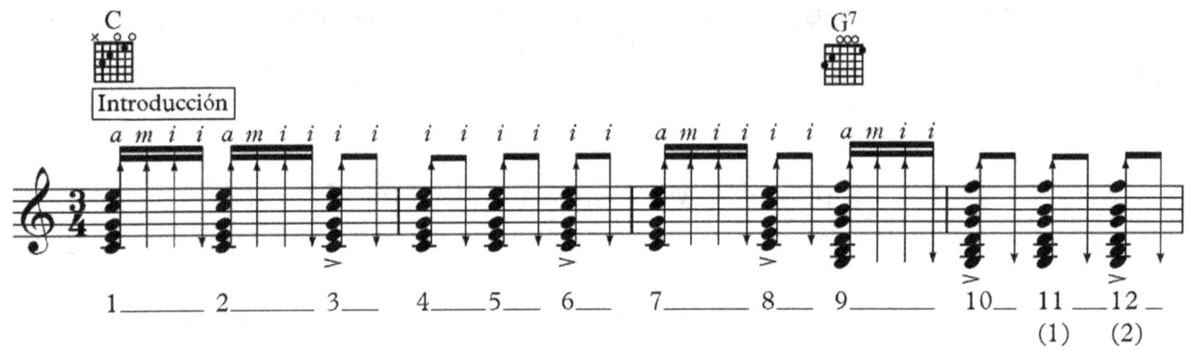

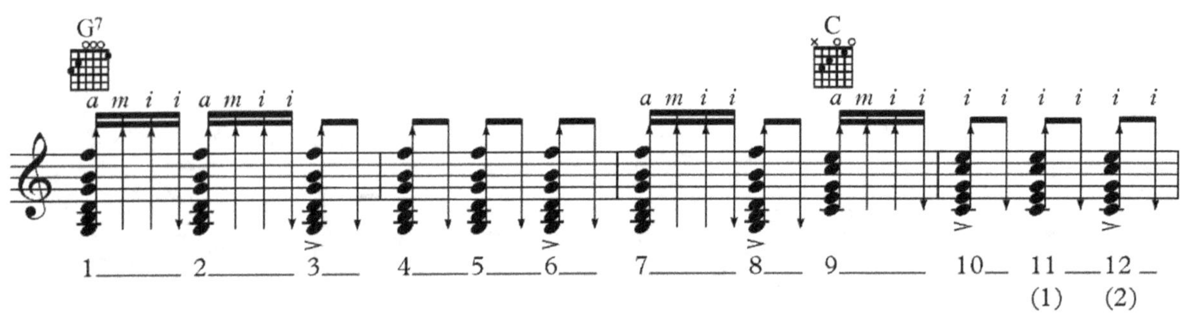

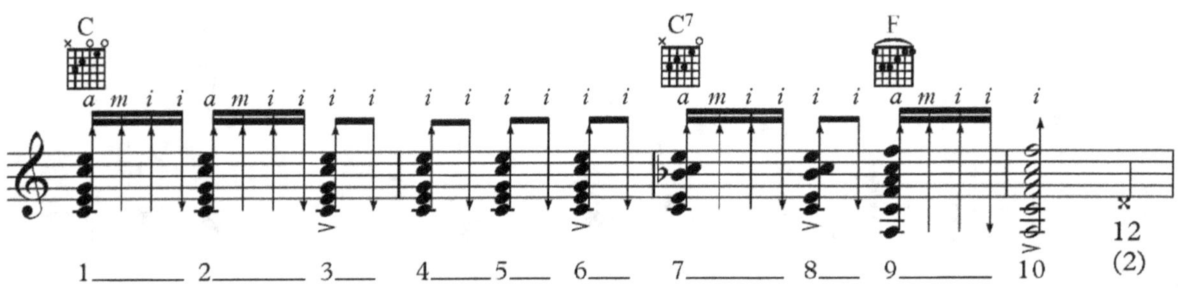

Vamos a recordar una de las formas básicas de interpretar el ritmo de Alegrías con la mano derecha:

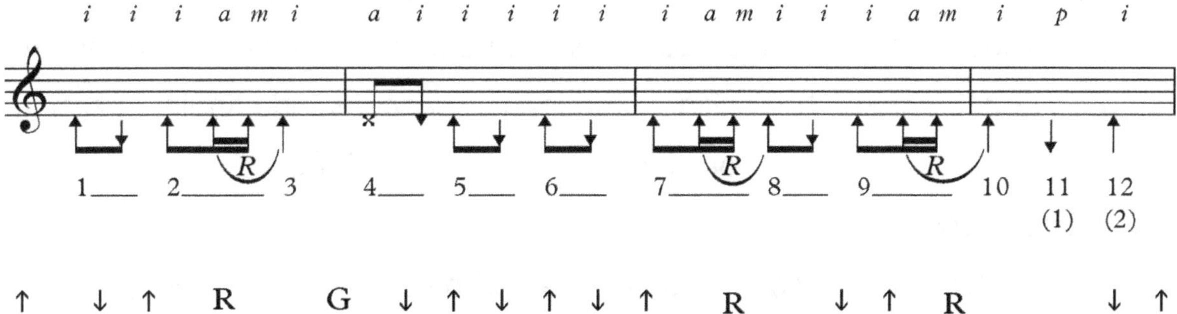

Ahora introduciremos la mano izquierda usando los acordes de Tónica y de Dominante (Do Mayor [21-42-53] y Sol^7 [11-52-63]). Para el ritmo Tipo 2 realizaremos los siguientes pasos:

- Comenzaremos con el acorde de Tónica.
- Cambiaremos al acorde de Dominante en la 2ª corchea del tiempo 9 (para que el rasgueo termine en el tiempo 10) del mismo ritmo de Alegrías.
- Aguantamos el acorde de Dominante hasta el tiempo 9 del siguiente ritmo para volver al acorde de Tónica (a ser posible en su 2ª corchea como antes).

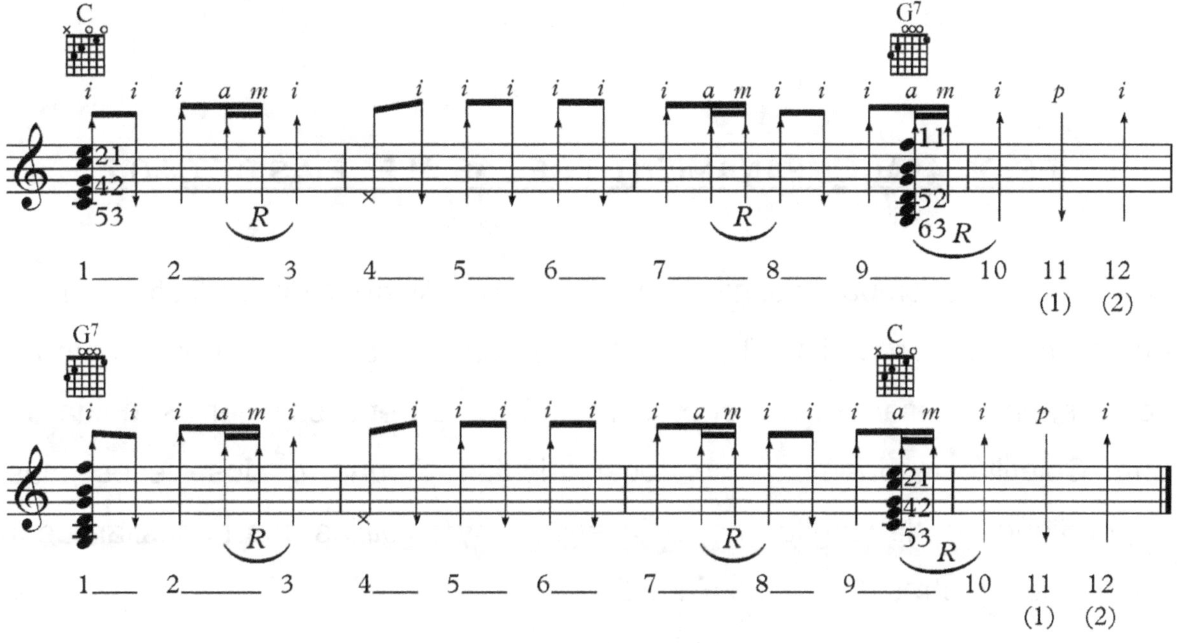

Esta fórmula de volver a la Tónica en el segundo ritmo, la usaremos a la hora de acompañar el cante por Alegrías de Cádiz. Se localiza a partir de su segundo ritmo desde que comienza el cante. Para el primero y para interpretar los puentes rítmicos de espera entre letras o falsetas usaremos un ritmo en el que vamos de Tónica a Dominante, descansando finalmente en la Tónica en tan sólo un ritmo por Alegrías. Para el ritmo Tipo 1 realizaremos los siguientes pasos:

- Comenzaremos con el acorde de Tónica.
- Cambiaremos al acorde de Dominante en la 2ª corchea del tiempo 2 (para que el rasgueo termine en el tiempo 3).
- Aguantamos el acorde de Dominante hasta el tiempo 9 del mismo ritmo, para volver al acorde de Tónica (a ser posible en su 2ª corchea como antes).

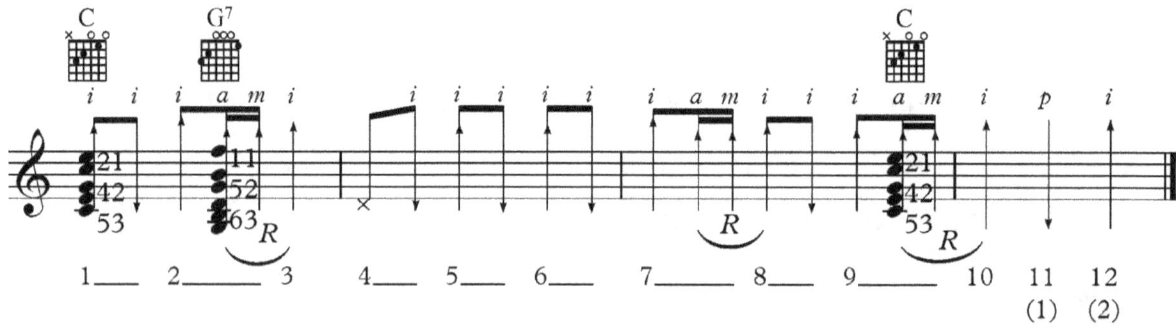

SESIÓN 4: ACOMPAÑAMIENTO DE LAS ALEGRÍAS DE CÁDIZ

Para el acompañamiento de un cante por Alegrías de Cádiz tendremos que comenzar con el ritmo Tipo 1 y seguir con tantas repeticiones del Tipo 2 como sean necesarias (al menos 3 veces). Si la Letra estuviera seguida de una Coletilla tendríamos que tocar el tipo 2 una o dos veces más dependiendo de la longitud de la Coletilla (hay coletillas que necesitan de 1 ritmo Tipo 2 y otras de 2 ritmos Tipo 2).

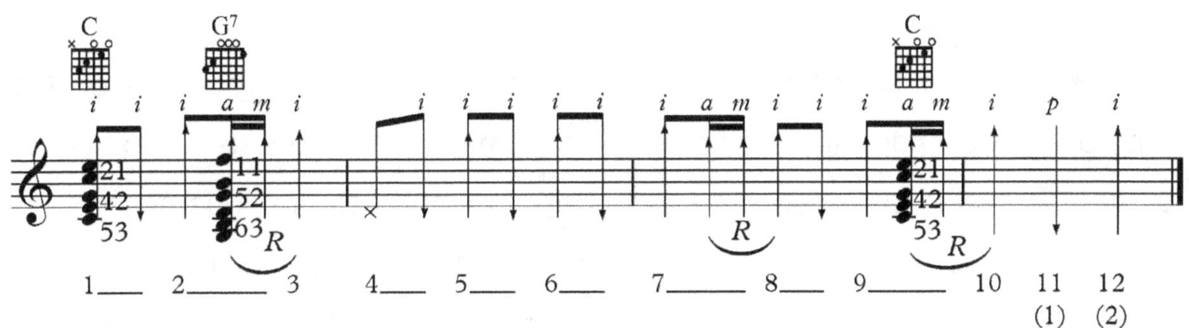

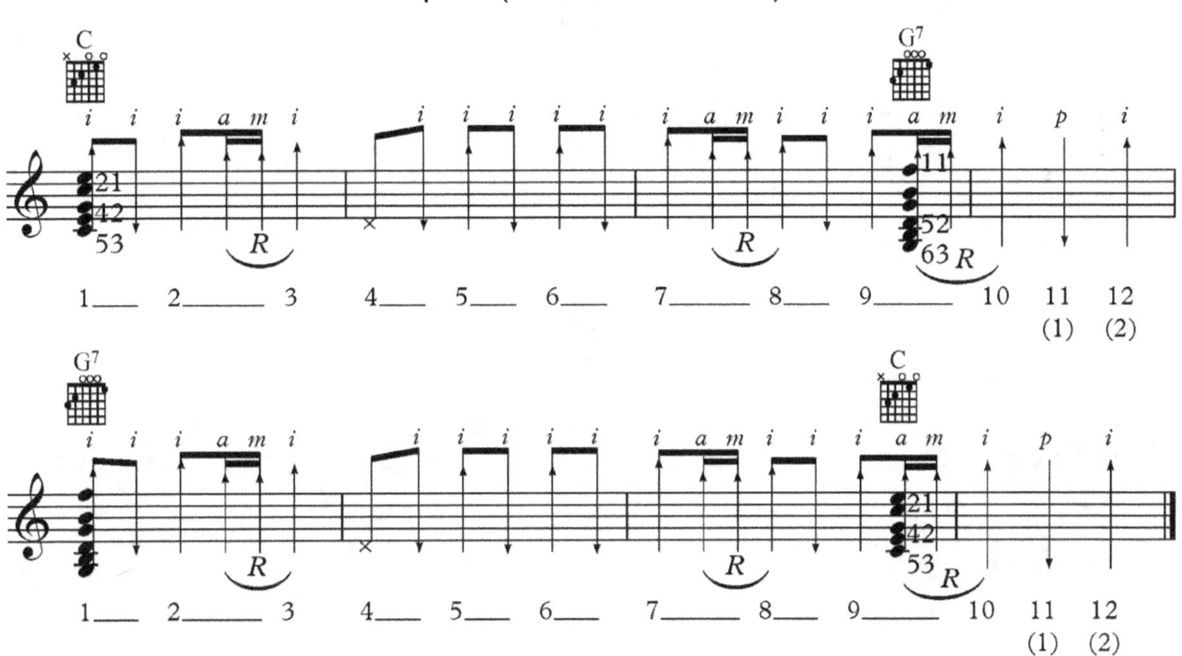

Fórmulas para acompañar las diferentes letras de Alegrías de Cádiz[5].

Letra sin coletilla	Ritmo T1 + 3 Ritmos T2
Letra con coletilla corta	Ritmo T1 + 4 Ritmos T2
Letra con coletilla larga	Ritmo T1 + 5 Ritmos T2

[5] Estas fórmulas no son cerradas, cada cantaor o cantaora puede realizar variaciones, con lo que puede que tengamos que tocar algún ritmo T1 o T2 de más.

SESIÓN 5: RECURSOS 7-8-9 PARA LOS RITMOS DE ALEGRÍAS

A veces a los ritmos Tipo 1 se le añaden algunos recursos en los tiempos 7, 8 y 9 para hacer más variados los puentes entre Falsetas o Letras. Si no los incluimos pueden resultar algo monótonos los puentes. Estos recursos comienzan en la Dominante y acaban en Tónica, con un cierre en los tiempos 10, 11 y 12. Vamos a interpretar algunos recursos para los tiempos 7-8-9 cerrando en los tiempos 10-11-12:

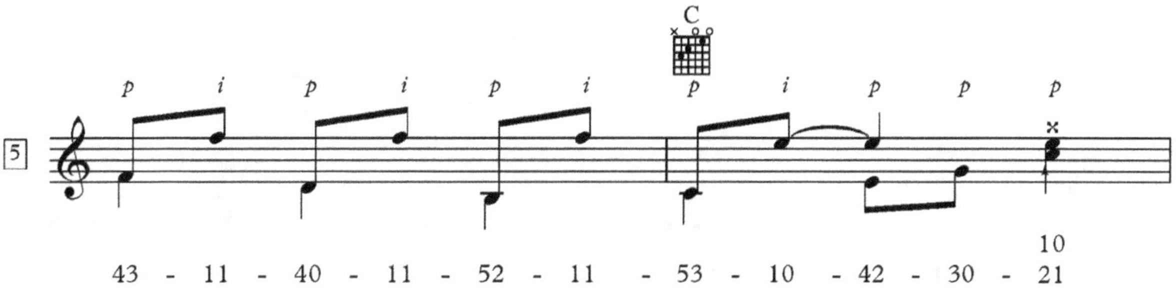

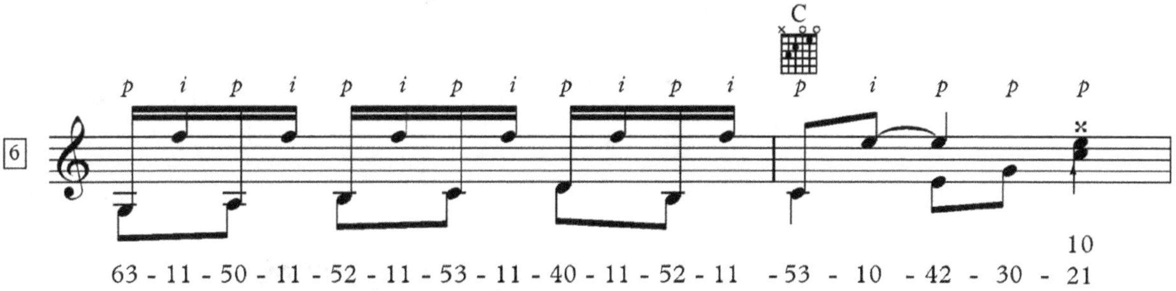

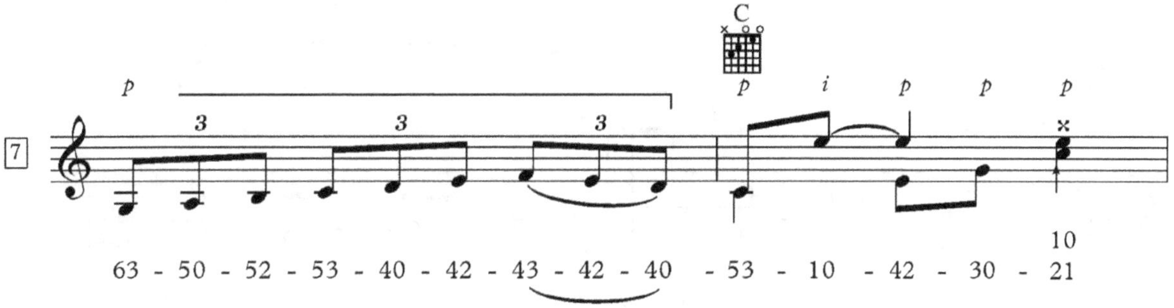

5
C
p i p i p i p i p p p
10
43 - 11 - 40 - 11 - 52 - 11 - 53 - 10 - 42 - 30 - 21

6
C
p i p i p i p i p i p i p i p p p
10
63 - 11 - 50 - 11 - 52 - 11 - 53 - 11 - 40 - 11 - 52 - 11 - 53 - 10 - 42 - 30 - 21

7
C
p p i p p p
3 3 3
10
63 - 50 - 52 - 53 - 40 - 42 - 43 - 42 - 40 - 53 - 10 - 42 - 30 - 21

8
C
p p i p p p
3 3 3
10
32 - 30 - 43 - 30 - 43 - 42 - 43 - 42 - 40 - 53 - 10 - 42 - 30 - 21

Ahora veamos cómo encajar los recursos sobre el Ritmo 1:

4
p i p i p i
C
G7
C
i i i a m i i i i i i
63 - 11 - 50 - 11 - 52 - 11 -
p
p i p p p
21
42
53
11
52
63
R
1___ 2______ 3 4___ 5___ 6___
1
10
63 - 50 - 52 - 53-10-42-30-21

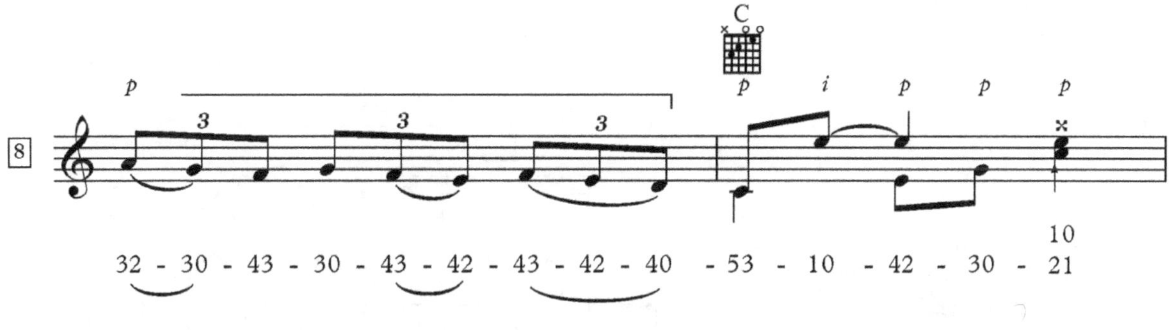

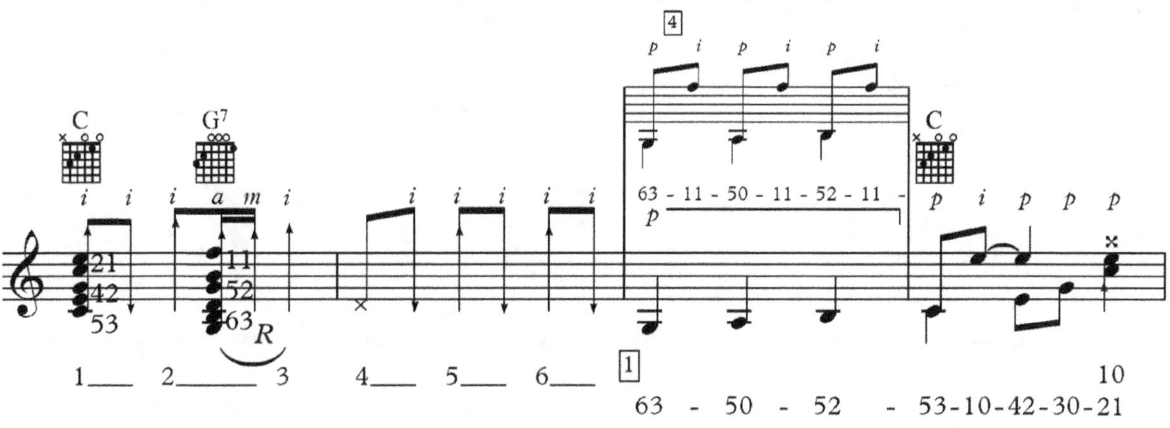

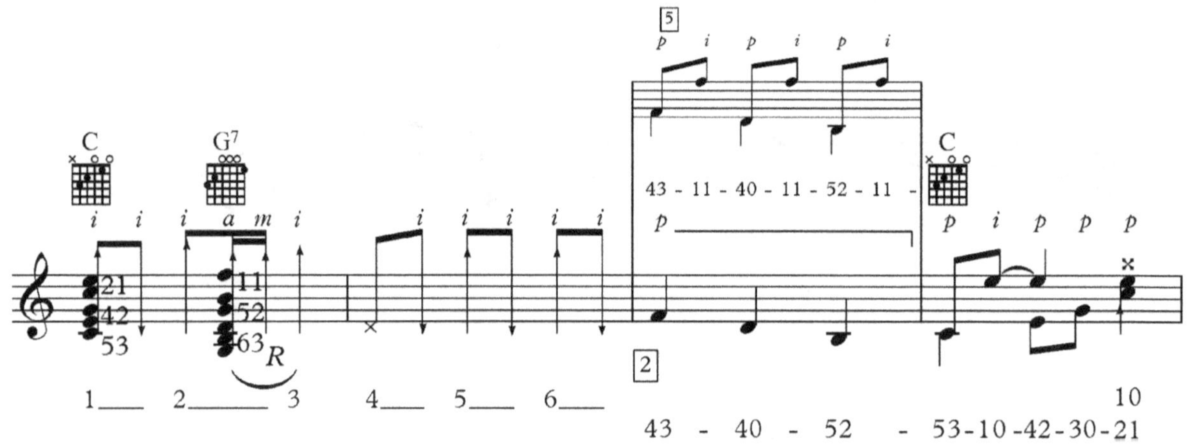
5
p i p i p i p i
43 - 11 - 40 - 11 - 52 - 11 -
p
C   G7
i i i a m i   i i i i i
C
21 11
42 52
53 63 R
1__ 2_____ 3   4__ 5__ 6__
2
43 - 40 - 52 - 53-10-42-30-21
p i p p p
10

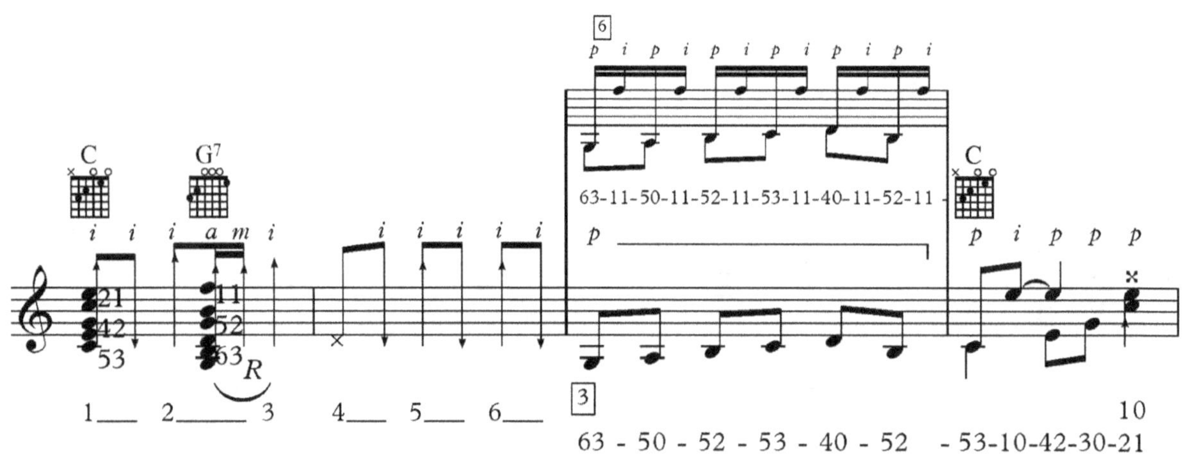
6
p i p i p i p i p i
63-11-50-11-52-11-53-11-40-11-52-11
p
C   G7
i i i a m i   i i i i i
C
21 11
42 52
53 63 R
1__ 2_____ 3   4__ 5__ 6__
3
63 - 50 - 52 - 53 - 40 - 52 - 53-10-42-30-21
p i p p p
10

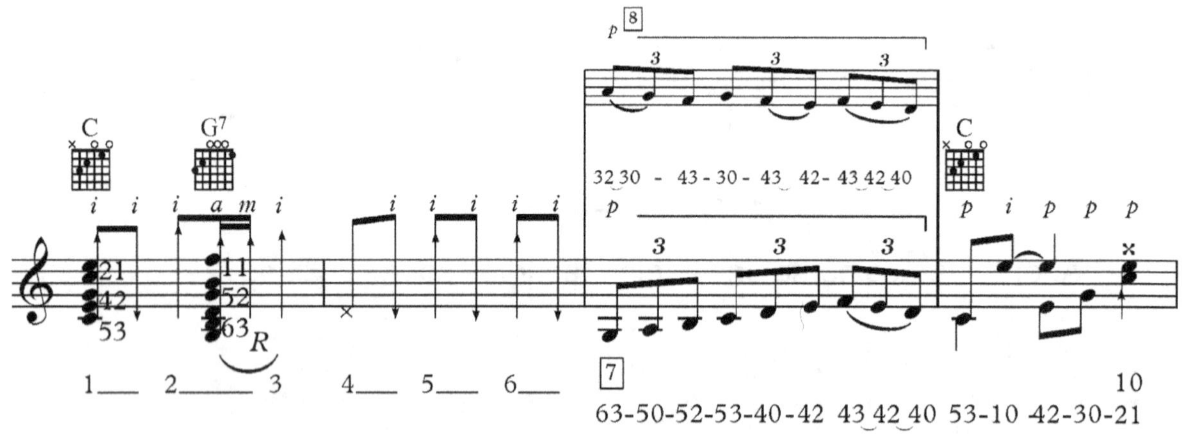
p 8
3   3   3
32 30 - 43 -30- 43 42- 43 42 40
p
C   G7
i i i a m i   i i i i i
C
21 11
42 52
53 63 R
3   3   3
1__ 2_____ 3   4__ 5__ 6__
7
63-50-52-53-40-42 43 42 40 53-10 42-30-21
p i p p p
10

SESIÓN 6: FALSETA 1 DE LAS ALEGRÍAS DE CÁDIZ

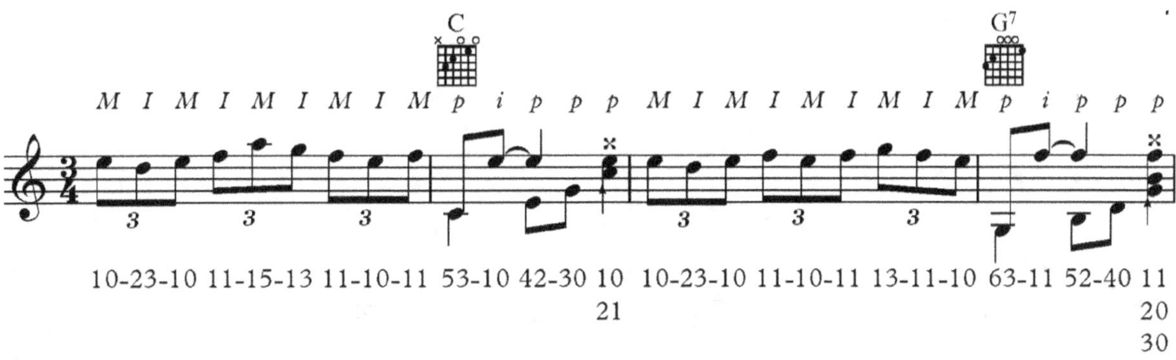

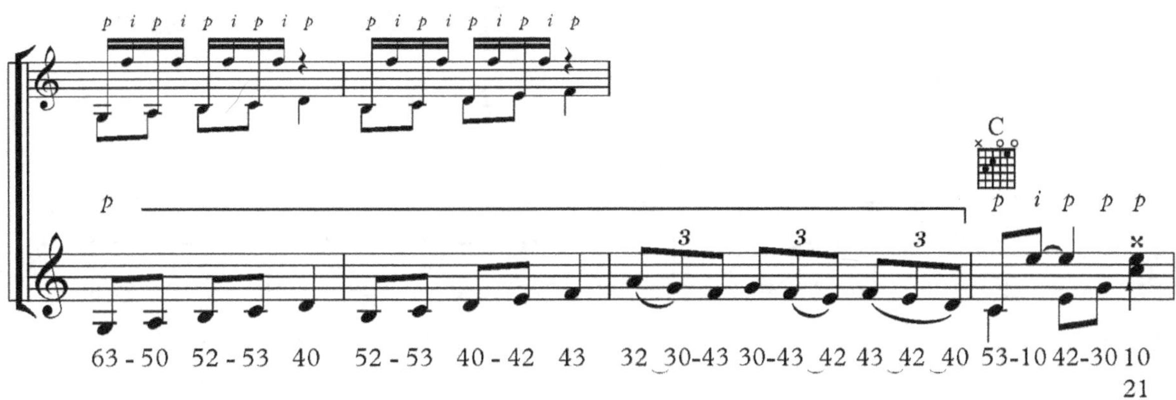

Remate

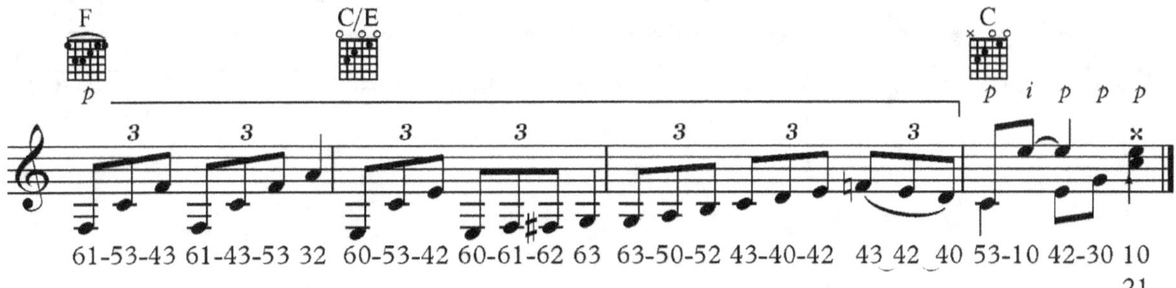

Agregamos la transcripción de la Falseta 1 sólo con números.

(1ª cifra cuerda, 2ª cifra traste)

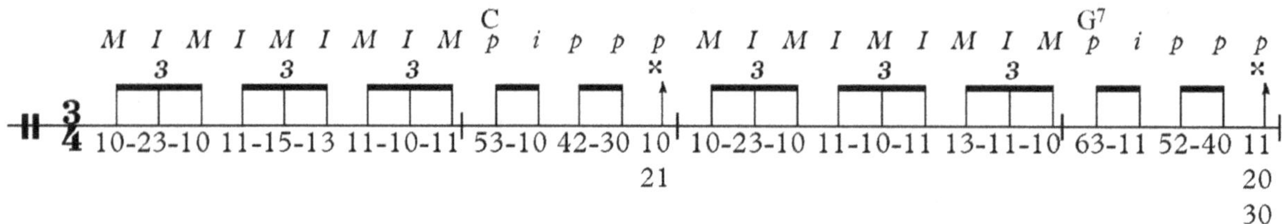

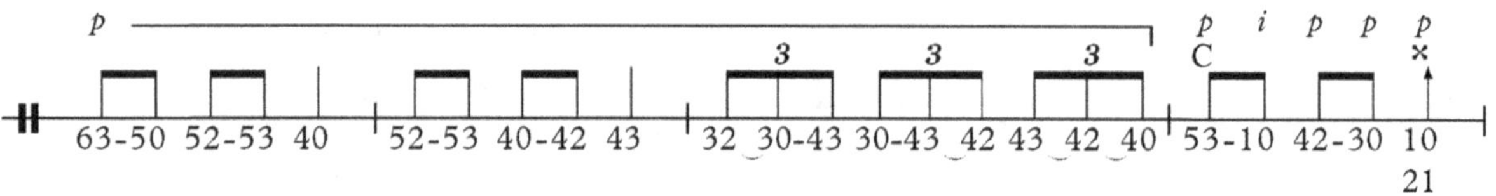

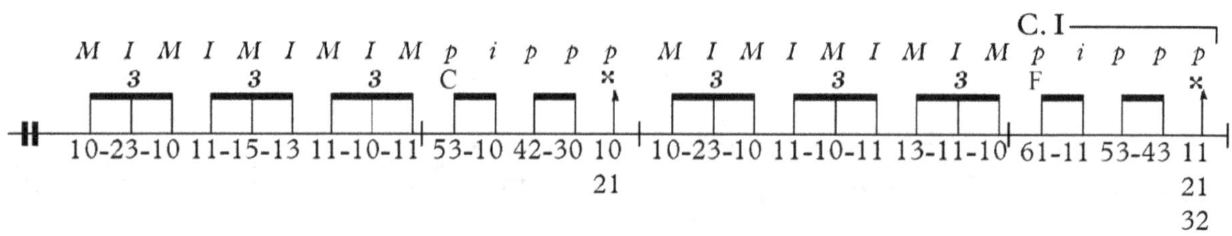

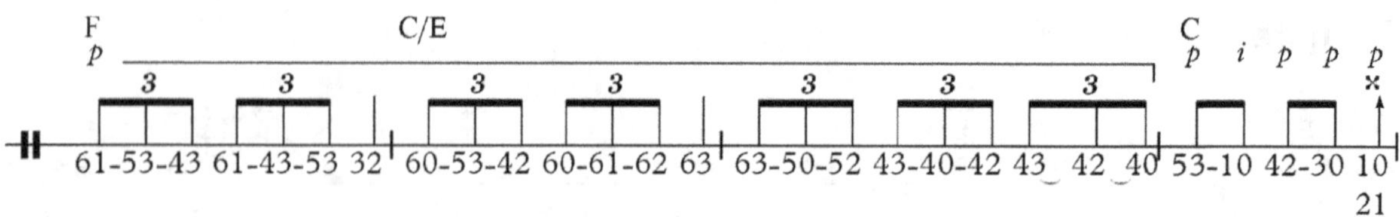

C
G7
p i 3 p p p i 3 p p p i 3 p p p i p p p p p i p p p i p p p i p p p i p p p p
43-11 43 42-10-42 40-23-40 53-10 42-30 10 53-21-53 52-20-52 50-32-50 63-11 52-40 11
21 20 30

C
p i p p p
3 3 3 3 3 3 3 3 3
63 50 52 43 40 42 43 42 40 53 40 42 43 30 32 34 32 30 43 30 32 34 32 30 43 42 40 53 10 42 30 10
21

C
F
C. I
p i 3 p p p i 3 p p p i 3 p p p i p p p p p 3 3 3 p i p p p
43-11 43 42-10-42 40-23-40 53-10 42-30 10 63-51-40 42 40-53 51 50-63 61-11 53-43 11
21 21 32

Remate

C
p i 3 p p p i 3 p i p p i 3 p p p i 3 p i p i p p p p
3 3 3 3 3 3 3
43-11-43 45-13-45 15 42-10-42 43-11-43 13 63-50-52 43-40-42 43 42 40 53-10 42-30 10
47 45 21

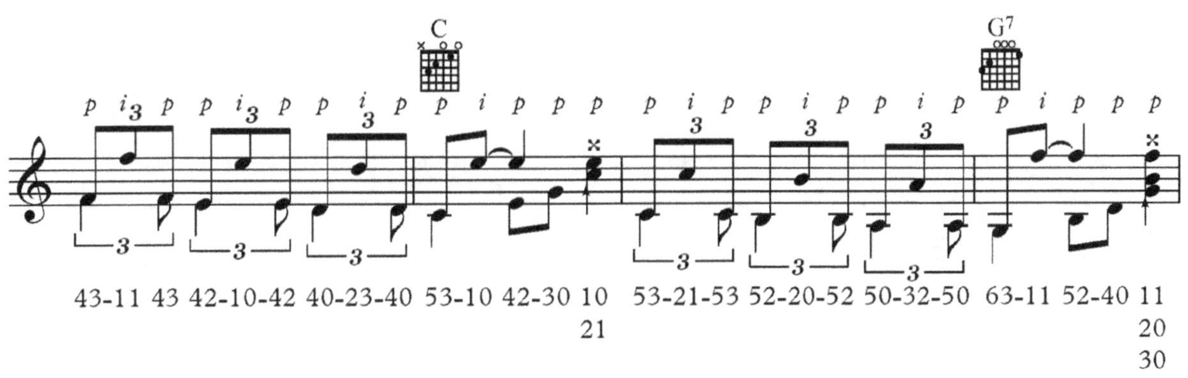

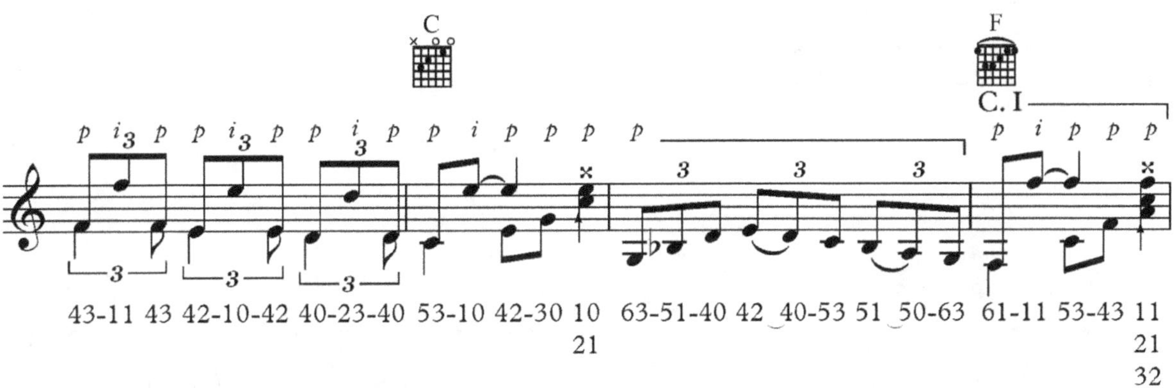

Agregamos la transcripción de la Falseta 2 sólo con números.

(1ª cifra cuerda, 2ª cifra traste)

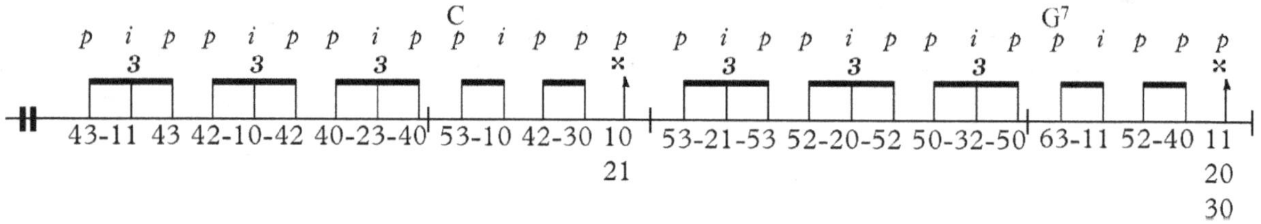

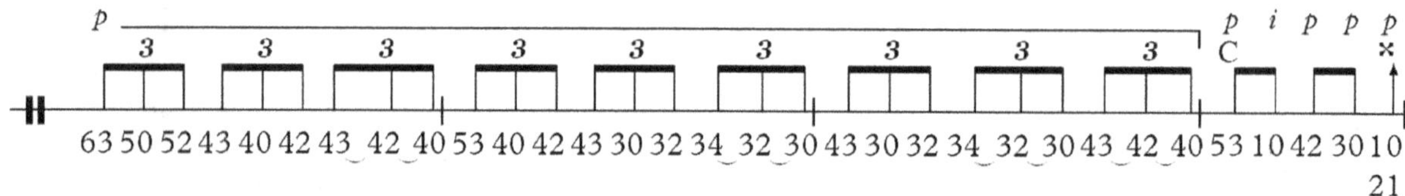

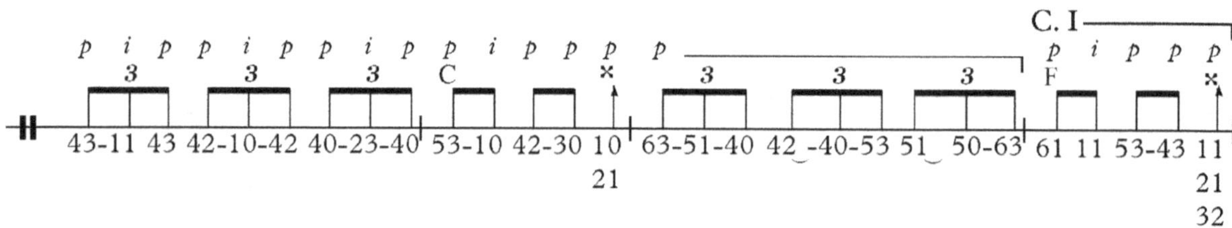

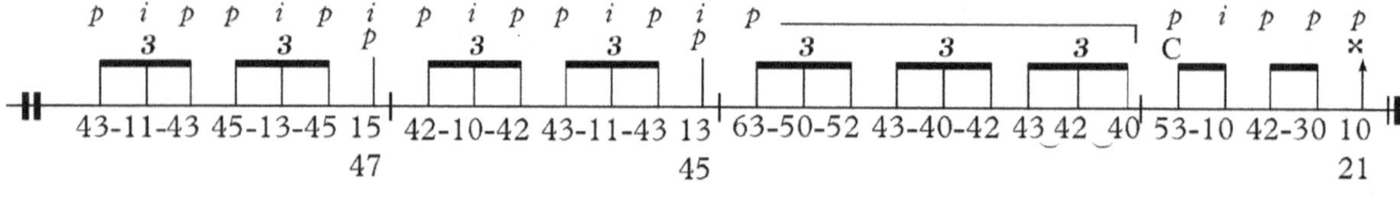

p a m i p a m i p a m i p a m i p p
Simile
C   C   C   G7
53   52   40   53
53   52   50   63
G7   G7   G7   C
63   62   50   63
63   50   52   53
C   C   C   F
53   52   40   53
53   40   42   61
Remate
F   C   G7   C
63   50   52   53

Agregamos la transcripción de la Falseta 2 sólo con números.

(1ª cifra cuerda, 2ª cifra traste)

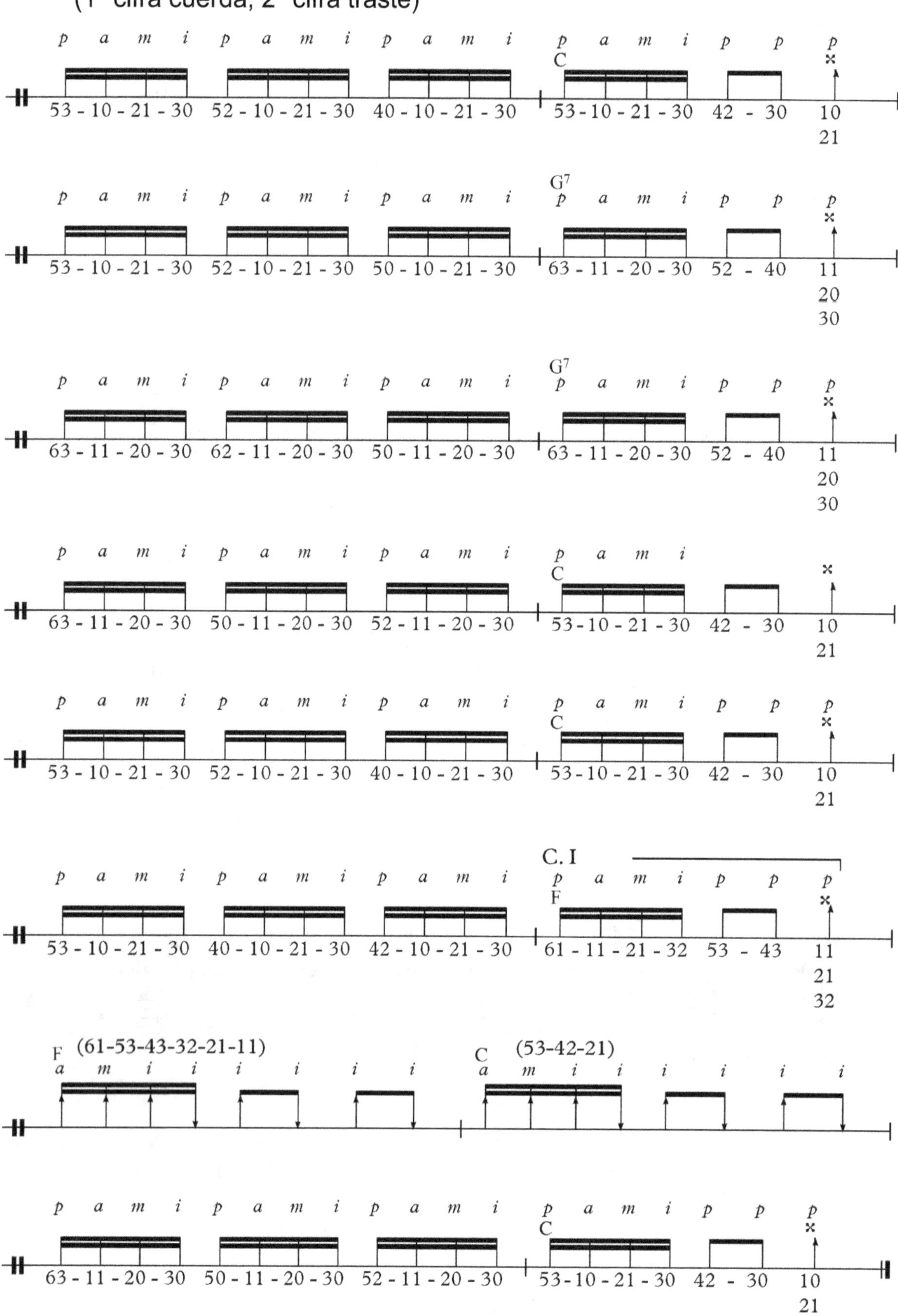

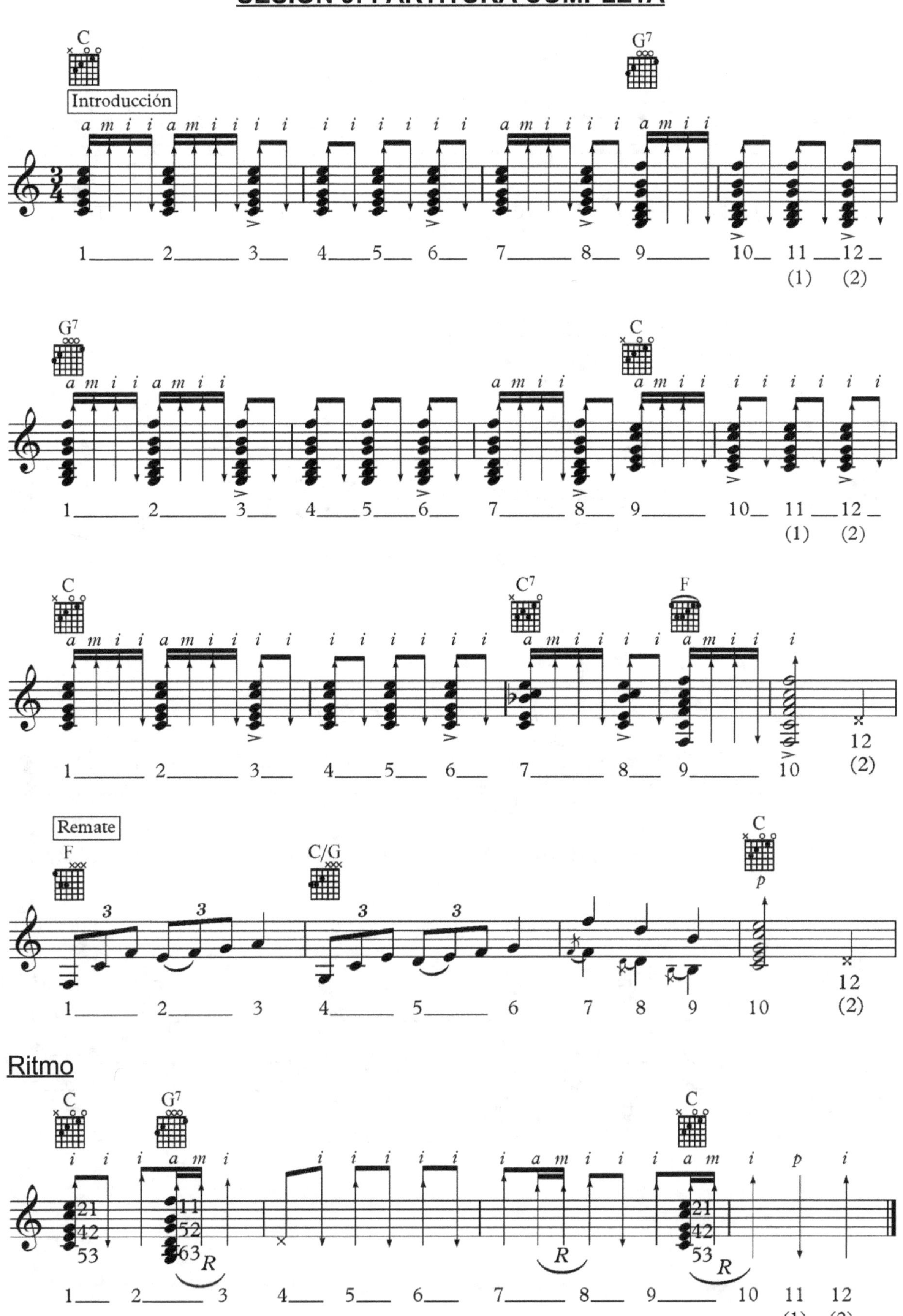

Introducción
Remate
Ritmo
Aprendiendo a tocar por Alegrías
Página 21
David Santos Marina

Falseta 1

C
G⁷
M I M I M I M I M I M p i p p p M I M I M I M I M I M p i p p p
10-23-10 11-15-13 11-10-11 53-10 42-30 10   10-23-10 11-10-11 13-11-10 63-11 52-40 11
21   20   30

p i p i p i p i p   p i p i p i p i p
C
p
63 - 50 52 - 53 40   52 - 53 40 - 42 43   32 30-43 30-43 42 43 42 40 53-10 42-30 10
21

C
F
C. I
M I M I M I M I M I M p i p p p M I M I M I M I M I M p i p p p
10-23-10 11-15-13 11-10-11 53-10 42-30 10   10-23-10 11-10-11 13-11-10 61-11 53-43 11
21   21   32

F
C/E
C
p
p i p p p
61-53-43 61-43-53 32 60-53-42 60-61-62 63 63-50-52 43-40-42   43 42 40 53-10 42-30 10
21

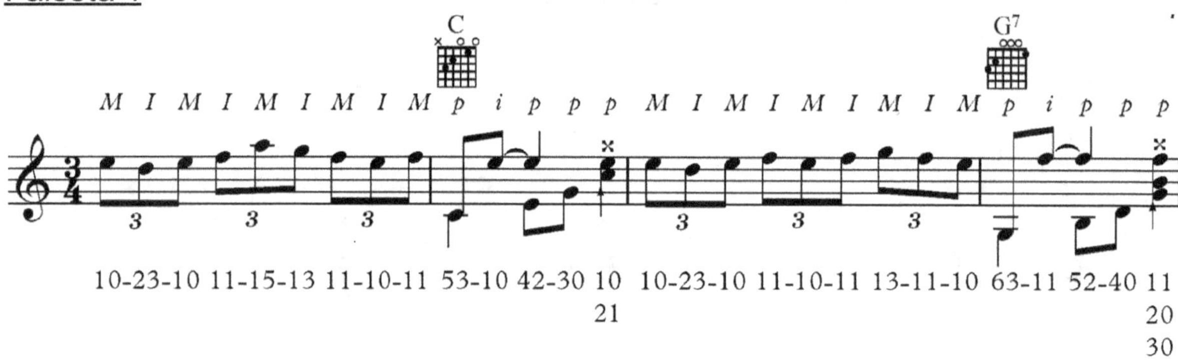

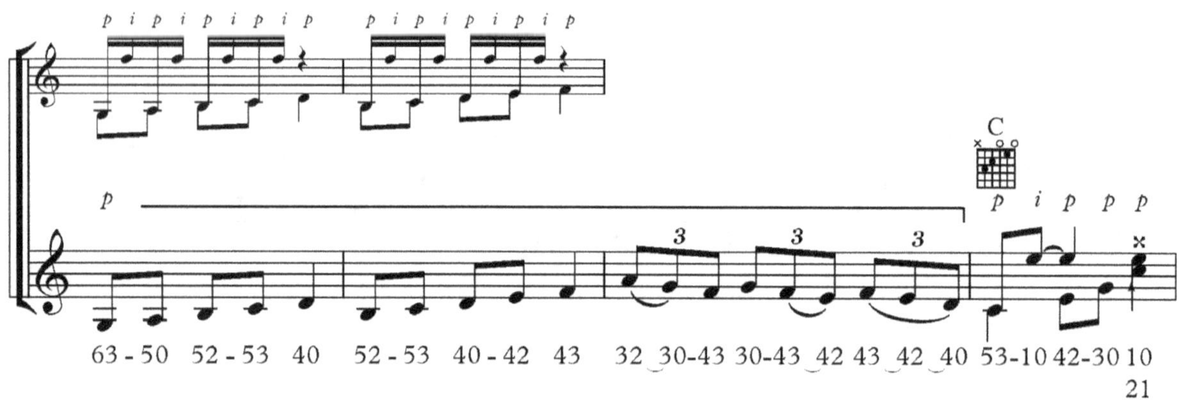

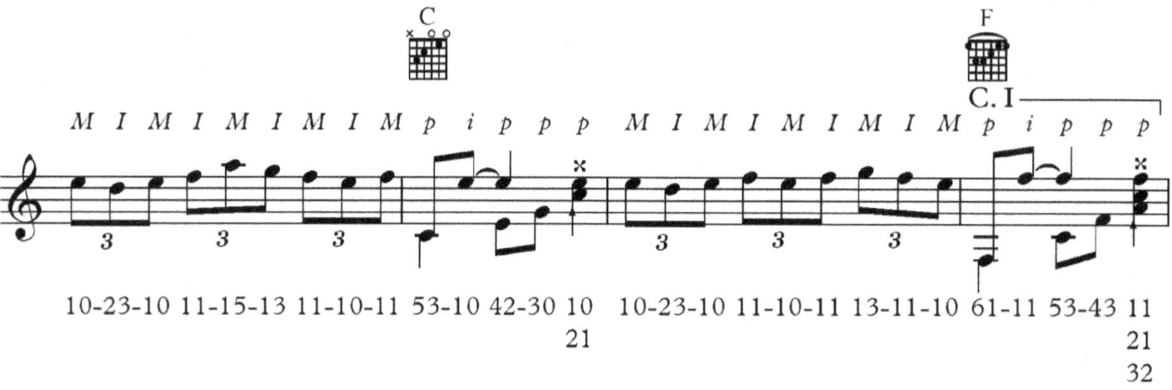

Ritmo

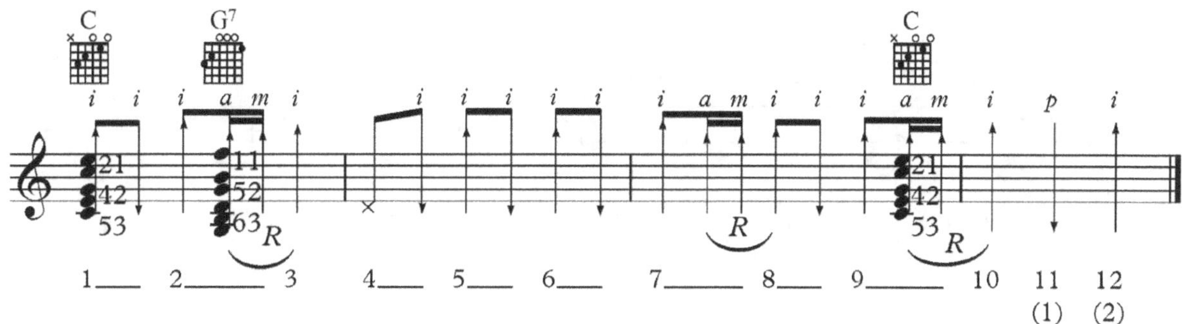

Falseta 2

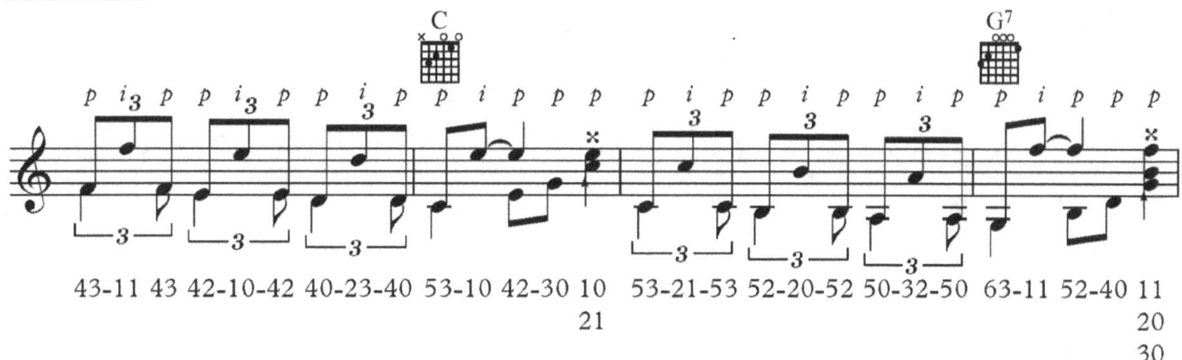

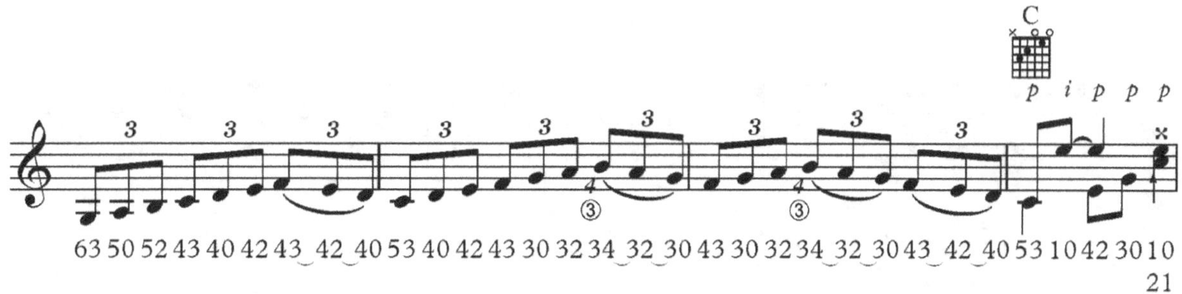

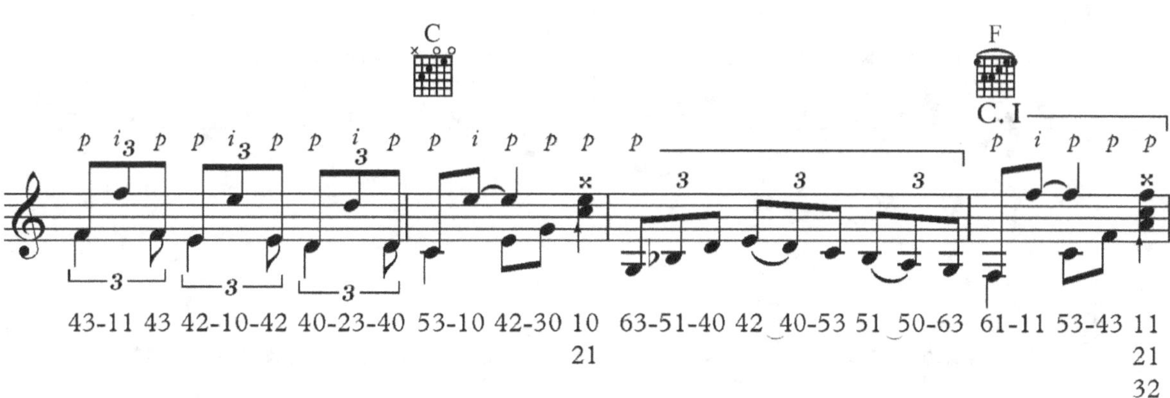

Ritmo

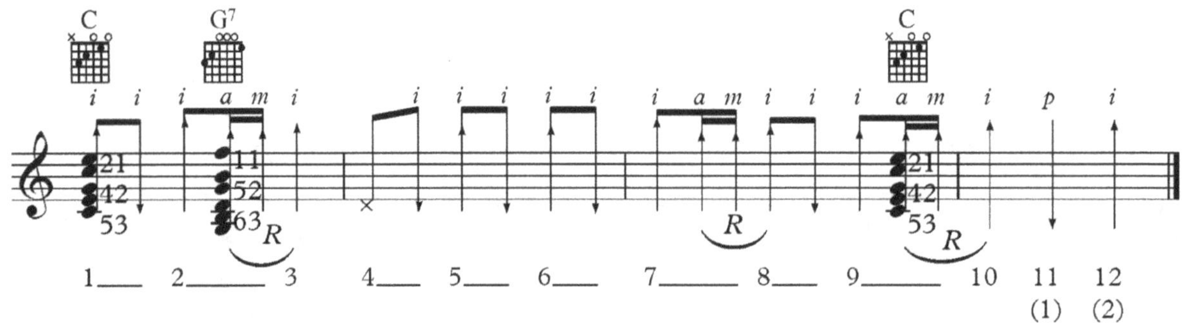

Falseta 3

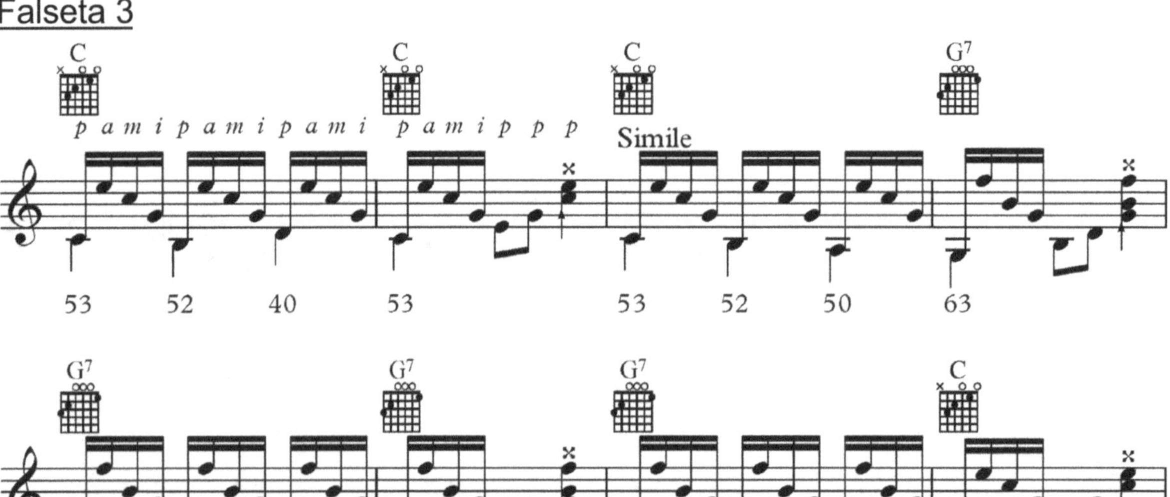

F
C
G7
C
63   50   52   53

Coda

C
53-21-53 55-23-55 57-25-57 58-26-58 59-27-59 28   11   23   20   21
                                              510 43   40   52   42
                                                                   53
cuerda 5 Traste 10

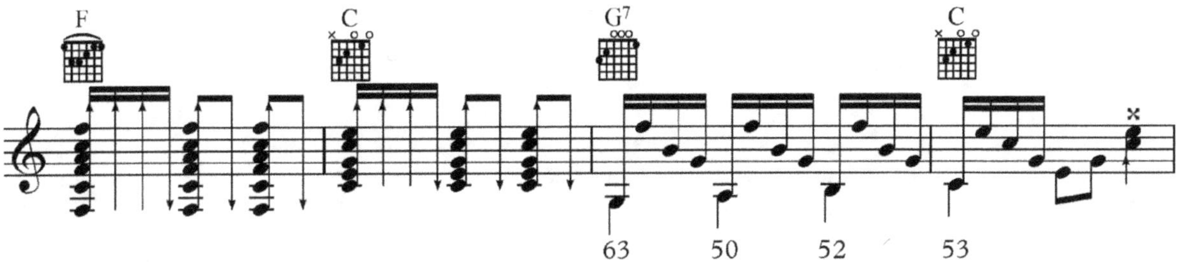

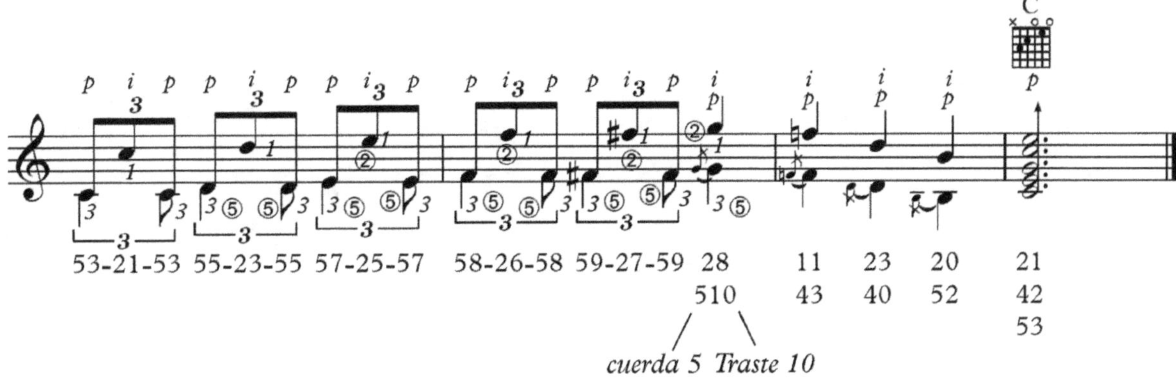